NOTE SUR LA FAMILLE ET SUR L'ÉVÊQUE

DU NOM DE

LABRUE DE SAINT-BAUZILE

Par l'abbé J.-B. POULBRIÈRE

Chanoine honoraire et historiographe diocésain de Tulle
Vice-président de la Société des Lettres, Sciences et Arts de la Corrèze
Directeur du Petit-Séminaire de Servières

TULLE

IMPRIMERIE CRAUFFON

36, rue du Trech, 36

—

1886

LA FAMILLE DE SAINT-BAUZILE ET SON ÉVÊQUE

Cette « Note, » extraite du *Bulletin de la Société des Lettres, Sciences et Arts de la Corrèze* (t. VIII, pp. 444 et suiv.), ne devait être d'abord qu'un appendice à la publication de la bulle d'institution de Mᵍʳ de Saint-Bauzile, parmi les DOCUMENTS : grâce aux renseignements dont elle s'est grossie, l'accessoire est devenu le principal ; nous donnerons la bulle en appendice.

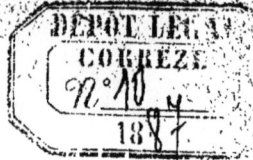

NOTE SUR LA FAMILLE ET SUR L'ÉVÊQUE

DU NOM DE

LABRUE DE SAINT-BAUZILE

Par l'abbé J.-B. POULBRIÈRE

Chanoine honoraire et historiographe diocésain de Tulle
Vice-président de la Société des Lettres, Sciences et Arts de la Corrèze
Directeur du Petit-Séminaire de Servières

TULLE

IMPRIMERIE CRAUFFON

36, rue du Trech, 36

1886

I

La famille de Labrue, éteinte de nos jours, n'était, dans la noblesse, ni ancienne ni considérable : cependant, comme elle y prenait rang, que ses dernières alliances furent très honorables et qu'aucun de nos recueils nobiliaires ne renferme sa généalogie, un petit essai sur son compte ne saurait être hors de propos.

La paroisse de Queyssac paraît avoir été son endroit d'origine : en 1455 un *Jacques* Labrue était même là recteur ou curé. En 1636, *Guilhen* Brue ou la Brue, du village du Batut, reconnaissait à vénérable dame Toinette de Vassal du Coderc, religieuse maltaise, prieure de l'Hôpital-Beaulieu et des Fieux en Quercy, comme « préceptrice de la maison hospitale de Curamonte » en Limousin, une vigne et des biens situés au territoire de Queyssac. Le pré dénommé dans ces biens confrontait avec un bois à chênes de Me *Pierre* Labrue. Ce sont là des noms isolés, mais qui décèlent une certaine situation sociale : la filiation suivie ne dépasse pas pour nous la deuxième moitié du xviie siècle.

I. — Me *Géraud* Labrue, bachelier en droit et juge de Queyssac, où il habitait, déclarait, le 30 décembre 1686, posséder en foi et hommage lige le tènement de *las Bothies* (commune actuelle de Billac), en qualité d'acquéreur de dame Anne de Corn de Queyssac, dame de la Majorie, femme de messire Jean-Jacques d'Estresses, chevalier, seigneur dudit lieu. Peut-être était-il le frère d'un *Etienne* Labrue qui, en 1697, fut élu à Paris doyen du chapitre de Saint-Germain-l'Auxerrois. Peut-être fut-il aussi le père : 1º de trois ursulines de Beaulieu, *Marie, Jeanne* et *Elisabeth* Labrue, qui firent profession, la première le 27 août 1687 sous le nom de sœur Saint-Augustin, la deuxième le 12 mai 1690 sous le nom de sœur de la Conception, la troisième le 14 avril 1696 sous le nom de sœur Saint-Benoît ; — 2º de *Guillaume* Labrue, curé de Neuville dans le premier quart du siècle suivant, au sujet duquel son successeur immédiat s'exprimait en ces termes : « Il a acheté à la cure une petite grange qui sert à présent d'écurie, un *patus* qui contient la moitié de la cour presbytérale, et fait faire le puits dans son fonds ; il a travaillé et fait faire toutes les murailles et bois, du jardin, de la cour, cellier, fenêtres, grilles et vitres, greniers et couvertures, *à servir honnêtement à un honnête homme de curé :* « pour » cela, dit-il, et toutes les autres choses utiles à mes » successeurs, je les prie humblement de dire tous » les mois une messe à perpétuité pour le repos de » mon âme et de mes successeurs à perpétuité. » — 3º de *Jean-Joseph* Labrue, licencié et juge de Queyssac (après son père probablement), qui fut, en 1688, le parrain de Jean-Joseph, nommé un peu plus loin. En tout cas, de son mariage avec demoiselle Catherine Boyt, Géraud Labrue eut pour sûr le fils suivant :

II. — *Jean-Joseph* Labrue, premier du nom, avocat en la cour ou au parlement et juge de Bétaille (Quercy), ce qui fait supposer que le second juge de Queyssac, son homonyme, était son frère aîné. Le 11 octobre 1685, au village de Viel, à Bétaille, dans la maison du sieur Blaise Teulière, bourgeois, il fit son contrat de mariage avec demoiselle Isabeau Teulière, fille dudit Blaise et de feu Anne Rouannes. Il unit plus tard à sa juridiction celle de Queyssac et fut, à n'en pas douter, l'auteur de l'élévation de sa famille. En effet,

III. — 22 décembre 1719, dans la maison du Battut, paroisse de Queyssac, contrat de mariage de *noble Jean-Joseph* Labrue, deuxième du nom, seigneur de Nozières, paroisse de Collonges probablement, fils de M. maître Jean-Joseph de Labrue, seigneur des Botties, avocat en parlement, juge de Bétaille et de Queyssac, et de feu demoiselle Elisabeth (Isabeau) Teulière, avec demoiselle Gabrielle de Lentillac, fille de feu messire François de Lentillac, chevalier, seigneur de Bétut (paroisse de Chenaillers), et de dame Gabrielle de Gimel, dame de Bétut et de Nonards, habitant au château de Chaumont, paroisse de Chenaillers ; laquelle dame fut représentée par haut et puissant seigneur, messire Jean-Angélique de Ferrières, chevalier, seigneur comte de Sauvebœuf, du Moulin d'Arnac, du Puy-d'Arnac, de Leybros, de Salers, de Saint-Martin-Valmeroux, etc., grand maréchal d'Auvergne ; messire Bertrand de Lentillac, seigneur de Bétut, frère aîné de la future, faisant pour celle-ci.

Le résultat de cette alliance avantageuse ne se fit pas longtemps attendre.

Au 29 juin 1739, messire Claude de Lentillac, seigneur de Saint-Bauzile (sur le Doustre), donna tous ses biens à dame Gabrielle de Lentillac, sa parente, femme de M. Joseph de Labrue, seigneur de Nozières, sous la réserve de la jouissance desdits biens pendant sa vie et d'une pension viagère de 400 livres. En 1752, 24 mai, comme l'acquit de cette somme tardait un peu trop à venir, nous trouvons que ledit Claude de Lentillac envoya un huissier à Queyssac, où habitait encore messire Jean-Joseph de Labrue, écuyer, seigneur de Nozières, pour lui faire commandement de lui payer le semestre de sa pension échue. Le seigneur de Nozières se soumit et consentit à payer, comme la quittance de Claude de Lentillac en fait foi.

Il mourut au Battut le 28 septembre 1754 et fut enterré le lendemain dans l'église de Saint-Blaise de Queyssac. Les registres ne le qualifient que seigneur des Botties, conseiller et secrétaire du roi. Il avait en effet ce titre près le parlement de Bordeaux, depuis le 29 novembre 1748.

IV. — Le 5 août de cette dernière année, avait été signé le contrat de mariage de noble *Jean-Joseph III* de la Brue, seigneur de Saint-Bauzile, habitant du Battut à Queyssac, fils de noble Jean-Joseph de la Brue, seigneur de *las Botties*, et de dame Gabrielle de Lentillac, avec demoiselle Marie-Claude de Veyrac, habitant à Veyrac (Lot), fille de messire Jacques de Veyrac, chevalier, seigneur de Saint-Germain, et de dame Marie de Grenier, de la maison des marquis de Pleaux.

Ce personnage fit, en 1752, une transaction avec Claude de Lentillac, le chevalier seigneur de Saint-Bauzile que l'on a vu plus haut, pour éteindre le procès que celui-ci voulait faire à son père (probablement au sujet de la pension). Il se qualifiait, lui aussi, chevalier seigneur de Saint-Bauzile.

En 1749, le 22 février, il constitua l'aumône dotale de sa sœur *Marie* de Labrue, qui allait faire profession aux Ursulines de Tulle.

Le 20 août 1768, il rendit hommage, à Servières, à très haut et très puissant seigneur monseigneur Louis, duc de Noailles, pair de France, comte de Nogent, marquis de Maintenon, baron et châtelain de Brive, de Malemort,

de Montclar, de Chambres, de Pénières, de Car-
bonnières, de Servières, de Saint-Céré, de Len-
tour, de Merle, de Malesse et de Saint-Julien-
aux-Bois; chevalier des ordres du roi, lieutenant
général de ses armées, premier capitaine des
gardes du corps, gouverneur de Saint-Germain-
en-Laye, demeurant en son hôtel, rue Saint-
Honoré, représenté par messire Jacques-Félix du
Bac, écuyer, seigneur de Langlade et du Cou-
derc, habitant de Servières (Cet hommage était
rendu pour diverses rentes dues en ce lieu).

Dans sa maison du Battut, qui ne demeurait
que pour peu de temps le domicile de la famille,
Jean-Joseph III eut : 1° le 9 mars 1753, *Jacques,*
son fils aîné, dont le parrain fut messire *Jacques*
de Veyrac, chevalier, son aïeul, et la marraine
par procuration, dame *Catherine* de Labrue, dame
de Soulage, paroisse de Saint-Chamant; 2° *Léonard-Louis*, baptisé le 26 avril 1754, avec messire
Léonard-Louis de Gimel, comte de Lentillac, pour
parrain; 3° *Jean-Pierre,* baptisé le 16 décembre
1755 et dont la marraine fut une sœur issue
avant eux tous, *Marianne* de Labrue; 4° *N...,*
né le 13 et baptisé le 16 décembre 17... Quand
« M. de Saint-Bauzile » (son père était appelé
plutôt « M. de Nozières » et le grand-père probablement « M. des Botties ») vint à mourir, en
décembre 1783, il laissait onze enfants vivants,
dont nous ne connaissons encore que cinq : six
garçons et cinq filles. Son héritier universel fut
naturellement son fils aîné, qui suit.

V. — Jacques de Labrue épousa, le 14 octo-
bre 1788, dame Anne-Nicole-Emilie de Bosredon,
du lieu de Saint-Avit, en Auvergne (aujourd'hui
Puy-de-Dôme) et de la famille sans doute dont
M. Ambroise Tardieu a publié la généalogie.
Cette dame lui porta pour dot 25,000 livres d'a-

bord, puis 12,000, puis 3,000 qu'elle tenait de
la succession d'un ancien grand-vicaire de Cler-
mont : ce qui faisait en tout 40,000 livres. Mais la
Révolution vint et Jacques de Labrue éprouva bien
des malheurs. Il perdit d'abord ses rentes, dont
le père estimait le capital 143,000 livres. Son mo-
bilier, que celui-ci avait laissé considérable et que
le fils avait encore augmenté, fut pillé le 14 avril
1812 (lire sans doute 1792 (1) ; perte 50,000 fr.
environ) (2). Son père lui laissait à payer 45,000 fr.
de dettes ; sa mère, qui voulait l'avantager et qui
estimait avoir en rentes ou en biens fonds 60,000
livres, ne lui laissa de son côté qu'une dette de
20,000 fr. Il dut payer à ses frères et sœurs légitime et supplément de légitime. Enfin sa femme
lui réclama ses 40,000 fr. qui lui étaient reconnus
sur les biens de son époux tant présents qu'à
venir... Il mourut ainsi ruiné, à Saint-Bauzile,
le 9 octobre 1827. Le château et le domaine,
vendus par expropriation, passèrent aux mains
de la famille Teillet, d'Argentat, qui les possède
encore. L'unique fille issue du mariage, *Hum-
béline* de Labrue, ou « Mlle de Saint-Bauzile, »
reçut de Mme de Crozefond, née de Labrue, le
domaine de Malmartel près de Veyrac, qui ve-
nait pour la maison de la succession de son

---

(1) M. de Seilhac, *Scènes de la Révolution*, p. 215, n. 7, signale
ce pillage pour cette année et, à tort ou à raison, pour la date du
20 avril.

(2) Au 6 brumaire an III (*entendez* 27 octobre 1794), la munici-
palité de Thiverny, district de Senlis (Oise), attestait que Jacques
Labrüe, domicilié dans la commune, avait résidé en France depuis
le *9 mai 1792*, qu'il n'avait point émigré et n'était pas détenu pour
suspicion ou contre-révolution : âgé 41 ans, taille 5 pieds 7 pouces. —
Vers la date du pillage, peut-être à la suite, Jacques avait dû quitter
le pays.

aïeule. Elle s'y est éteinte vers le milieu de ce siècle.

Une de ses tantes avait épousé M. de la Grènerie, du château de ce nom, paroisse de Gagnac (Lot); une autre « sœur de Jésus Labrue Saint-Bazile, » est inscrite la 17ᵉ des Ursulines de Tulle sur le *tableau des ci-devant religieuses du département de la Corrèze,* publié par M. de Seilhac (1). Quant à ses oncles, l'évêque de Tempé est le seul sur lequel nous ayons recherché et réuni quelques renseignements (2).

II

Jacques-Louis de Labrue de Saint-Bauzile avait dû naître au château de ce lieu vers 1759. Il était ecclésiastique quand éclata la Révolution. Dans son livre-journal, M. de Pestels, de la Majorie, a noté une lettre qu'il lui écrivit le 4 août 1791 au château de Vaur, paroisse d'Altillac; or ledit château était en ce moment un lieu de détention : l'abbé de Labrue fut donc un instant incarcéré. Il émigra en Bavière. Que devint-il après l'émigration? La bulle d'institution que nous allons donner le fait ancien vicaire général de Dijon, et de fait il l'était en 1810 (3); l'*Ami de la Religion* le dit ancien vicaire général de Malines, mais sans préciser une date qui nous serait à cœur (4). Nous craignons fort en

(1) *Scènes et Portraits...,* p. 671.

(2) On a tiré la plupart des notes qui précèdent (arrangement à part) des papiers de famille tombés, lors de la dispersion, aux mains de M. Aubertic, prêtre mort d'Argentat; la bulle de l'évêque est à la Grénerie.

(3) *France chrétienne* de 1821, IV, 60.

(4) LXXI, 388, 29 mars 1832.

effet que ce n'ait été sous l'épiscopat du trop
fameux abbé de Pradt, notre voisin d'Allanches.
Le silence du document pontifical, les faits qui
vont suivre, les difficultés à Malines de l'archevêque français expliquent assez cette supposi-
tion. — Quoi qu'il en soit, par décret impérial
du 16 avril 1813, Napoléon le nomma à l'évêché
de Gand, « vacant par la démission de M. de
Broglie. » Mais M. de Broglie, naguère recherché de Bonaparte, n'avait pas seulement
atteint ses quarante-sept ans; toute faible qu'elle
était, sa santé suffisait à la tâche : que s'était-
il donc passé? Il avait déplu... Le 10 août 1809,
il reçut une lettre du ministre des cultes qui lui
annonçait le mécontentement de l'empereur au
sujet du peu d'attachement qu'il montrait pour
sa personne : on lui retirait en même temps
l'abbé Le Sure, son grand-vicaire, que ses dé-
marches ne purent conserver. Nommé l'année
suivante chevalier de la Légion d'honneur, il
crut devoir en conséquence refuser la distinction
et le serment, en se basant sur les circonstances
exceptionnelles où on l'avait placé. Le maître,
furieux, l'appela devant lui et l'apostropha vive-
ment en pleine audience. Sa conduite au concile
de 1811 mit le comble au ressentiment de l'empereur : il s'y prononça énergiquement pour le
maintien de l'institution canonique des évêques
aux mains du Souverain-Pontife. Alors Napoléon le fit arrêter (12 juillet 1811) et quelques
mois après lui demanda sa démission. Cette démission fut-elle donnée? Il paraît qu'elle le fut;
mais, comme ici le terrain devient brûlant pour
notre compatriote, nous demandons la permis-
sion de citer simplement les auteurs :

« Le chapitre de Gand, pressé d'élire des vicaires capitulaires, répondit que le pape n'avait

pas accepté la démission et que le siège n'était
pas vacant. Sous la pression du pouvoir, l'as-
semblée se tint le 5 décembre 1811. Trois heures
avant, on arrêta le chanoine Vermeesch dont on
n'était pas assez sûr ; six chanoines seulement
se trouvèrent à la convocation ; le préfet y était,
pour intimider. On élut MM. Meulenaër (grand
vicaire de M. de Broglie), de Loën et Martens,
lequel était caché et n'accepta pas. On tint, le
23 décembre, un second chapitre, où l'on con-
firma la première élection. Le clergé n'y obtem-
péra pas : il ne reconnut que l'autorité de l'évêque
en M. Meulenaër, qui fit serment de n'admi-
nistrer qu'en qualité de grand-vicaire de M. de
Broglie. »

Ce fut dans cette situation que l'empereur
nomma M. de Labrue, le 16 avril, avons-nous
dit, 1813.

« Le 20, le ministère écrivit au chapitre de lui
donner des pouvoirs capitulaires ; le 9 juillet, la
Brue arriva à Gand. Il annonça qu'il ne se mêlerait
point d'administration avant d'avoir reçu l'institution canonique. Le ministère lui avait donné pour
conseil et pour *tuteur* M. l'abbé S. de P***. Cet
abbé pétulant fit valoir la volonté impériale et me-
naça Meulenaër si on ne donnait des pouvoirs à la
Brue. Le ministre des cultes lui transmit un acte
signé à Dijon, le 8 juillet, par M. de Broglie. Ce
prélat, qui avait obtenu de venir de Vincennes en
Bourgogne, y déclara n'avoir donné aucuns
pouvoirs depuis sa démission et renoncer totale-
ment à l'administration. Il répétait cela plusieurs
fois pour prévenir, disait-il, toute difficulté à ce
que l'évêque nommé reçût les pouvoirs du chapitre.
Cette pièce fit la plus grande sensation. On la regarda comme nulle, extorquée par la crainte.
M. de P*** poussa l'élection des vicaires capitu-

laires. Après quelques conférences, il fit assembler
le chapitre le 22 juillet. MM. Goethals et Martens,
qui étaient restés cachés depuis l'élection de 1811,
envoyèrent de leur retraite une protestation contre
l'élection projetée, 1° par défaut de pouvoirs dans
les électeurs; 2° par défaut d'habileté dans les élus;
3° par défaut de liberté dans les suffrages. Sur les six
chanoines qui avaient concouru à l'élection de 1811,
un était mort et un autre avait donné sa démission. Un curé de la ville s'était fait nommer à la
place du premier en vertu du droit de régale. Lui
et les quatre anciens chanoines se réunirent le
22 juillet et élurent de nouveau MM. Meulenaër
et de Loën, auxquels ils adjoignirent la Brue. Le
clergé regarda cette élection comme l'effet de la
peur. On combattit les écrits par lesquels on cher-
chait à l'appuyer. Le 25 juillet, M. de la Brue parut
au chœur au rang des grands vicaires : peu de chanoines s'y montrèrent ; on eut de la peine à
rassembler les personnes nécessaires pour la
célébration de l'office.

» Les séminaristes ayant suivi l'exemple du clergé,
le supérieur fut envoyé à Vincennes ; deux pro-
fesseurs furent déportés et les séminaristes enrôlés
dans les troupes. Une partie furent conduits à
Wesel et enfermés dans la citadelle, où quarante-
huit périrent successivement victimes d'une mala-
die contagieuse. Les autres ne revinrent qu'après
la délivrance des Pays-Bas. Ce traitement barbare
ne servit pas peu à rendre odieux le nouveau grand-
vicariat de Gand et celui qui en dirigeait les dé-
marches. Un second éclat acheva de le ruiner
dans l'opinion. Le 15 août, jour de l'Assomption,
l'abbé Labrue fit, pour la fête de l'empereur, une
procession par toute la ville. Sept curés refusè-
rent d'y assister pour ne pas communiquer avec
lui, et firent la procession et les prières d'usage
dans leurs églises. Le lendemain on afficha un in-

terdit conçu dans les termes les plus offensants, et où l'on semblait se jouer des règles tout en les invoquant. Les sept curés se cachèrent, et l'auteur de ces coups d'autorité crut avoir terrassé par cet éclat ceux qui lui étaient le plus opposés. Il ne fit, au contraire, que gâter sa cause par de telles violences et il fut blâmé par ceux mêmes de son parti. Sur 1,200 ecclésiastiques qui composaient le clergé du diocèse, à peine une trentaine reconnurent les nouveaux grands-vicaires; c'étaient à peu près les mêmes qui avaient déjà donné des preuves de complaisance à d'autres époques. Les choses restèrent en cet état jusqu'à la fin de janvier suivant, que l'abbé de Labrue et son conseil quittèrent la ville abandonnée par les Français dans la nuit du 1er au 2 février. Alors le schisme s'éteignit, les prêtres reparurent, les grands-vicaires de l'évêque rentrèrent en fonction, et ceux qui avaient coopéré aux derniers troubles firent quelque satisfaction (1). »

Quant au prélat légitime, Mgr de Broglie, il rentra dans sa ville épiscopale le 24 mai, au milieu des acclamations de son peuple, mais avec l'humilité d'un homme qui confessait comme une faiblesse sa démission du 8 juillet. Bien que, sollicité de la renouveler en septembre 1813, il eût constamment refusé de le faire, il ne s'en faisait pas grâce cependant et s'accusait, même par lettre pastorale, d'avoir cédé à la persécution. Inspirons-nous de ces aveux et ne soyons pas plus sévère pour M. de Labrue que ne l'a été l'Eglise elle-même. Personne n'a trop chargé

---

(1) **Picot**, *Mémoires pour servir à l'histoire ecclésiastique du* xviiie *siècle*, édition Le Clère, 1815, III, 601 ; — *Ami de la Religion*, VII, 289, 17 avril 1816 ; — Rohrbacher, *Histoire ecclésiastique*, édition Palmé, 1882, XII, 72.

ce pauvre esclave d'un homme qui commandait en dieu; car personne n'a vu en lui que la victime 1° d'une certaine bonne foi; 2° de la faiblesse — de cette faiblesse qui avait un instant fait sombrer Pie VII lui-même et lui faisait répliquer plus tard aux accusateurs trop amers de Maury : « Et nous aussi, nous avons fait des fautes ! » — 3° enfin, surtout même, de la dépendance où on l'avait tenu. Celui sur lequel ont pesé le plus les accusations de l'époque et de la postérité, c'est cet abbé de P..., personnage aussi dépourvu de mesure que d'âme, qui allait jusqu'à décider de la santé de son *pupille* et prononcer des phrases telles que celle-ci : « *Allons, M. de la Brue sera malade dimanche et nous aurons une semaine pour négocier...* » C'est celui-là qui fut surtout exécré au diocèse de Gand (1).

Malgré tout cependant, l'abbé de Labrue ne se sentit pas le courage de revenir en France, ou s'il y rentra, disparut devant la Restauration. Il s'était fait autrefois des affections en Bavière : il y revint. L'archiduchesse de ce pays le nomma son aumônier et le nouveau roi, Maximilien, s'employa à lui faire donner un évêché *in partibus*. Il y réussit : Mgr de Saint-Bauzile fut préconisé pour Tempé le jour même dont est datée la bulle, 24 septembre 1821. Avait-il alors repris le chemin de sa patrie ? Toujours est-il qu'il y rentra et reçut une stalle d'évêque au chapitre royal de Saint-Denis. « Il refusa plus tard l'évêché de Fréjus et préféra de vivre dans la retraite à Paris, où cependant il se rendait utile,

---

(1) Il osa pourtant publier, sous le titre d'*Observations*, etc. une brochure justificative de 76 pages in-8°, dont il est parlé dans l'*Ami de la Religion* de 1816, IX, 145 et 176.

dans l'occasion, pour les fonctions épiscopales. Son aménité, la douceur de ses mœurs et sa vie exemplaire lui avaient concilié l'estime et l'attachement de tous ceux qui le connaissaient. » Ainsi parle l'*Ami de la Religion* (1), au surlendemain de sa mort, qui eut lieu le 27 mars 1832. « Le prélat mourut presque subitement, à la suite d'une très légère indisposition, âgé d'environ soixante-douze ans. » Il laissait toute sa chapelle à l'église de Saint-Bauzile, berceau de sa vie surnaturelle : on y possède encore son calice, son ciboire et un de ces ornements qu'il portait, dit-on, avec une magnifique prestance. C'est le dernier évêque sacré ayant reçu le jour au diocèse de Tulle.

---

(1) LXXI, 388, 29 mars 1832.

NOTE RÉTROSPECTIVE.

Au moment de préparer le tirage à part de ce travail, nous retrouvons sous l'œil quelques pages oubliées de M. de Seilhac (*Scènes et Portraits....*, pp. 536-543). Il y est fait récit de la mort sur l'échafaud de M. Pierre Labrue, curé de Champagnac-la-Prune, en 1793. L'auteur présente ce prêtre, ainsi que son frère de la Guitardie, près Collonges, comme les deux cadets du châtelain de Saint-Bauzile, c'est-à-dire, à ce qu'indique l'ensemble, de Jacques de Labrue. C'est une erreur : l'âge certain du prêtre (cinquante-neuf ans, d'après l'interrogatoire) ne peut se concilier ni avec l'aînesse de Jacques, né en 1753 et alors âgé de quarante ans, ni avec le mariage du père, daté seulement de 1748 (du reste la note de la page 537 confond en un deux Jean-Joseph). Nous croyons donc que la branche de la Guitardie s'est séparée plus tôt et en tout cas elle n'a pas été l'objet de nos recherches.

APPENDICE

BULLE DE Mgr DE LABRUE DE SAINT-BAUZILE

POUR L'ÉVÊCHÉ « IN PARTIBUS » DE TEMPÉ

(24 septembre 1821)

PIUS episcopus, servus servorum Dei (1), Dilecto filio
Jacobo-Ludovico de la Brue de Saint-Bauzille, electo Tempensi, salutem et apostolicam benedictionem. — Apostolatûs
officium, meritis licet imparibus, Nobis ex Alto commissum,
quo Ecclesiarum omnium regimini divinâ dispositione presi-
demus, utiliter exequi, coadjuvante Domino, cupientes, solli-
citi corde reddimur et solertes, ut, cùm de Ecclesiarum ipsarum regiminibus agitur committendis, tales eis in Pastores
preficere studeamus qui Populum sue cure creditum sciant non
solùm doctrinâ verbi sed et exemplo boni operis informare,
commissasque sibi Ecclesias in statu pacifico et tranquillo
velint et valeant, auctore Domino, salubriter regere et feli-
citer gubernare. Dudum siquidem provisiones Ecclesiarum
omnium tunc vacantium et in posterum vacaturarum ordina-
tioni et dispositioni Nostre reservavimus, Decernentes ex tunc
irritum et inane si secùs super his per quoscumque, quavis

---

(1) Pie VII, d'illustre et sainte mémoire, pape de 1800 à 1823.

aucloritate, scienter vel ignoranter, contingeret *attentari* (1).
Postmodum vero Ecclesia Tempensis, que in partibus Infide-
lium consistit (2), et cui bone memorie Franciscus Josephus
Carolus ex principibus ab Hohenlohe Schillings-Furt, ultimus
illius Episcopus, *alius etsi curaret,* presidebat (3), ex eo quod
Nos eumdem Franciscum Josephum Carolum, tunc episcopum
Tempensem, a vinculo quo ipsi Ecclesie Tempensi tenebatur,
de venerabilium fratrum Nostrorum Sancte Romane Ecclesie
Cardinalium consilio et apostolice potestatis plenitudine, ab-
solvendo, illum ad Ecclesiam Augustanam (4), certo tunc ex
periodo Pastoris solacio destitutam, apostolica auctoritate
transtulimus, ipsumque Franciscum Josephum Carolum eidem
Augustane Ecclesie in Episcopum prefecimus et Pastorem,
per translationem et provisionem predictas, simili Pastoris
solacio destituta [fuit]. Nos ad provisionem predicte Ecclesie
Tempensis celerem et felicem, in qua nullus se intromittere
potuit sive potest, reservatione et decreto subductis, ne illa
longe vacationis exponatur incommodis paternis et sollicitis
studiis intendentes, post deliberationem quam de preficiendo
predicte Ecclesie Tempensi *Custodiam* utilem ac etiam fruc-
tuosam cum eisdem fratribus nostris habuimus diligentem,
Demum ad Te, de legitimis nuptiis ex catholicis nobilibusque
parentibus in diocesi Tutelensi progenitum ac jamdiu presby-
terum in utroque Jure Licenciatum, qui vicarii in spiritualibus
generalis munere in diocesi Divionensi jam laudabiliter func-
tus fuisti, ac fidem catholicam juxta articulos jampridem a

---

(1) Les mots en italiques sont ceux qui nous inspirent quelques doutes, assez
légers d'ailleurs. Avec leur écriture particulière et leurs abréviations moins fami-
lières que celles du pays, les documents pontificaux sont, au début surtout, d'une
lecture difficile. Celui-ci avait fait le désespoir d'un fouilleur émérite. En y mettant
tout notre bon vouloir, nous croyons avoir suppléé jusqu'aux oublis du scribe.

(2) Tempé, en Thessalie (Turquie d'Europe), célèbre par sa vallée et de la dépendance de l'archevêché titulaire de Larisse, dont Mgr Richard, naguère coadjuteur,
aujourd'hui archevêque de Paris, portait tout récemment le titre.

(3) Ce prélat était de la même famille mais non la même personne que celui qui
fut plus tard aussi évêque *in partibus* de Sardique et dont les miracles, à la date où
nous met ce document, retentissaient dans toute l'Allemagne : Alexandre-Léopold-
François-Emmerich, prince de Hohenlohe, l'un des plus saints prêtres de ce siècle.

(4) Augsbourg en Bavière, dont les évêques avaient avant 1803 le titre de princes
de l'Empire.

Sede Nostra propositos expressè professus es, ac de cujus no-
bilitate generis, vite munditia, honestate morum, spiritualium
providentia et temporalium circumspectione, aliisque multi-
plicum virtutum donis, fide digna testimonia perhibent, direxi-
mus oculos nostre mentis ; quibus omnibus debita meditatione
pensatis, Te a quibusvis excommunicationis, suspensionis et
interdicti aliisque Ecclesie sententiis, censuris et penis, si quibus quomodolibet innodatus extiteris, ad effectum presentium
litterarum consequendum, harum serie absolvimus et absolu-
tum fore censemus, eidem Ecclesie Tempensi, de *presenta-
tione* Tua Nobis et eisdem fratribus nostris ob tuorum *existi-
mationem* meritorum accepta, de fratrum eorumdem consilio,
apostolica auctoritate providemus, Teque illi in Episcopum
preficimus et Pastorem, curam, regimen et administrationem
predicte Ecclesie Tempensis Tibi in spiritualibus et tempora-
libus plenariè committendo, in Illo qui dat gratias et largitur
premia confidentes quod, dirigente Domino actus tuos, predicta
Tempensis Ecclesia subtus felici gubernio regetur utiliter et
prosperè dirigetur ac grata in eisdem spiritualibus et tempora-
libus suscipiet incrementa. Jugum igitur Domini tuis impositum
humeris prompta devotione suscipiens, curam et administrationem predictas sic exercere studeas sollicitè, fideliter ac pru-
denter quod Ecclesia ipsa Tempensis Gubernatori provido ac
fructuoso administratori gaudeat se commissam, Tuque, preter
eterne retributionis premium, Nostram et dicte Sedis benedictionem et gratiam eximiam uberiùs consequi merearis. Cete-
rùm etiam sperantes quod Tu, licèt Doctoratùs Gradu insigni-
tus non sis, nihilominùs, quia sufficienti doctrina preditus
et (1), ad dictam Tempensem Ecclesiam regendam et guber-
nandam habilis et idoneus esse dignosceris, Tecum, ut eidem
Ecclesie Tempensi in Episcopum prefici eique presse, ac illam
ut suprà regere et administrare libere et licitè valeas, de *defectu*
Gradùs Doctoratùs hujusmodi ac Constitutionibus et ordina-
tionibus apostolicis dicteque Ecclesie Tempensis, etiam juramento, confirmatione apostolica vel quàvis firmitate alia robo-

---

(1) Il faudrait *es* ou bien, plus haut, la suppression de *quia*

ratis, statutis et Consuetudinibus, ceterisque contrariis nequa-
quàm obstantibus, apostolica auctoritate predictâ, ipsarum
tenore presentium, de specialis dono gratie, dispensamus. Nos
enim ad ea que in tue commoditatis argumentum cedere
valeant favorabiliter intendentes, Tibi ut a quocumque ma-
lueris catholico Antistite, gratiam et communionem Sedis
apostolice predicte habente, accitis et in hoc sibi assistentibus
duobus vel tribus aliis catholicis Archiepiscopis vel Episcopis
similes gratiam et communionem habentibus, munus conse-
crationis predictum, auctoritate nostrâ, Tibi impendere (1) licitè
possit, plenam et omnimodam facultatem respectivè concedi-
mus per presentes. Volumus autem et dicta auctoritate statui-
mus atque decernimus quod [si], nisi recepto a Te per ipsum
Antistitem Juramento predicto (2), idem Antistes munus ipsum
Tibi impendere et Tu illud recipere temere presumpseritis, idem
Antistes a Pontificalis officii exercitio et tam ipse quam Tu à
regimine et administratione tam spiritualium quam temporalium ecclesiarum vestrarum suspensi sitis eo ipso ; quodque
per hoc Venerabili etiam fratri Nostro Archiepiscopo Laris-
sensi, cui predicta Tempensis Ecclesia metropolico jure su-
besse dignoscitur, nullum in posterum prejudicium generetur.
Preterea etiam volumus qusd formulam Juramenti hujusmodi
à Te tunc prestiti Nobis de verbo ad verbum per tuas patentes
litteras tuo sigillo munitas per proprium nuncium quantociùs
destinare procures. Et insuper Tibi, ut ad predictam Ecclesiam Tempensem, quandiu illa ab Infidelibus detinebitur, ac-
cedere et apud eam personaliter residere minimè tenearis,
eâdem apostolicâ auctoritate, de speciali gratiâ, indulgemus.
Datum Rome apud Sanctam Mariam Majorem, Anno Incar-

---

(1) Inadvertance, pour *impendi (impendere* ne pouvant être ni n'étant ici le verbe
intransitif, comme on le verra plus loin).

(2) *P.-S.* — Peut-être fallait-il lire *precepto* ou *prescripto*, car il s'agit du serment
prescrit par Sixte V en 1585 et il n'en a pas été parlé plus tôt. Par ce serment,
antérieur au sacre, les évêques promettent obéissance au Souverain Pontife et
s'obligent à traiter honorablement, à aider même dans ses besoins le légat du
Saint-Siège, à garder les décrets, dispositions, réserves et commandements aposto-
liques, à visiter le seuil des Saints Apôtres (Rome), aux temps prescrits par le
droit, et à mainte autre observance.

nationis Dominice millesimo octingentesimo vigesimo primo, octavo kalendas octobris, Pontificatûs Nostri Anno Vigesimo secundo.

Julius Mª, Card^{lis} Epus Ostien. et Velitern., DELLA SOMMAGLIA (1) S^{tœ} Eccl^œ Vice-Cancellarius et Summista.

H. Card. CONSALVI (2).

Chobert.   Visa.

Pro R. D. Gazzoli Pro-Summistâ, (3)
Michael. Ang^{us} Borsi substit^{us}.

R^a (Registrata).

S. Lavizzarius.

Ducentos septem et Julios novemdecim.

Reg^{ta} in Scra Brevium.

ECCLESIA TEMPEN.

(Sceau de plomb, au type connu,   Première inventoriée
et cordons de soie blanche).   Cote neuf.

---

(1) Cardinal Jules-Marie de la Sommaglia, né à Plaisance le 29 juillet 1744, tenu sur les fonts baptismaux par le célèbre cardinal Albéroni qui lui donna le nom de Jules-César christianisé ensuite par le jeune clerc, chargé par Pie VI de la rédaction des bulles, promu au cardinalat en 1795, prisonnier de la République française en 1798, compagnon de Pie VII et de Consalvi en France pour le sacre de Bonaparte en 1804, enlevé de Rome avec eux en 1809, exilé à Mézières en 1810, rendu à sa patrie et de passage dans notre département (1er et 2 février sans doute) en 1814, devenu doyen du Sacré-Collège par l'évêché suburbicaire d'Ostie et Velletri en 1820, honoré de douze voix pour le pouvoir suprême dans le conclave de 1823 qu'il présida, porté par le pape élu à la secrétairerie d'Etat en 1821, alors qu'il atteignait ses 80 ans, et mort enfin à 86 le 2 avril 1830 après avoir servi six papes. Ce fut un des princes de l'Eglise qui méritèrent le plus de la religion, de la cour romaine, de l'érudition et de la littérature. Peut-être fut-il pour quelque chose dans l'acceptation par Rome de l'abbé de Labrue (V. plus haut la notice), car il voulait sous Charles X faire élever Lamennais à un évêché i partibus. La cour de France s'y étant opposée : « Messieurs, s'écria-t-il, vous faites-là une faute... Un » évêque bien rarement est près d'entrer sur le chemin de l'hérésie : quelquefois un » prêtre franchit les confins... J'ai bien étudié ces affaires-là : laissez parler mon » âge... L'Eglise et vous à Paris, vous aurez à vous repentir. On est si heureux » d'adopter, même à Rome, une hygiène préventive. »

· (2) Voir n'importe quel dictionnaire biographique.

(3) Probablement le futur cardinal Louis Gazzoli, décoré de la pourpre en 1833 par Grégoire XVI et né à Terni en 1774.